UNE VOIX
DANS LA FOULE

LETTRE
A MONSEIGNEUR LE COMTE DE CHAMBORD

Seul représentant légitime de la Monarchie en France

PAR

HENRI BOUCHARLAT.

> J'étais muet, ignoré dans la foule; mais un jour, comme le fils de Crésus qu'un soldat allait frapper sans le connaître, retrouvant tout à coup la parole pour s'écrier : « Soldat, tu vas tuer Crésus; » moi aussi je m'écrie : « Malheureux, vous allez tuer notre mère! vous allez tuer la France! »
>
> (ROGEART, auteur du *Propos de Labiénus*.)

Prix 25 centimes.

PARIS

DENTU, LIBRAIRE-ÉDITEUR
17, Galerie d'Orléans 17, (Palais-Royal),

ET CHEZ TOUS LES LIBRAIRES.

AU LECTEUR

J'ai paraphrasé dans mon épigraphe une brillante figure oratoire de Rogeart (1), auteur des *Propos de Labiénus*, petit chef-d'œuvre de pamphlet politique moderne ; elle est tirée de la préface de son second ou troisième pamphlet en vers intitulé *Pauvre France*, contre l'Empire ! et malheureusement aussi contre la société.

Il est mort, ou s'il ne l'est pas, je le prie, dans le coin ignoré de son exil volontaire, d'excuser mon emprunt, qui rend parfaitement ma situation. Moi aussi j'ai pris part aux luttes politiques d'autrefois, mais, reconnaissant un jour mon erreur, et craignant de tomber dans une plus grande encore, je me suis condamné volontairement à l'inaction et au silence, que je garde depuis près de quarante ans. Je le romps aujourd'hui !... avertissant toutefois le lecteur de ne pas chercher, dans le *pseudonyme* que j'ai pris, une ancienne célébrité : n'ayant été au contraire qu'une *dupe obs-*

(1) Rogeart est le premier qui attacha le grelot à l'Empire.

cure des hommes politiques d'alors, un de ces moutons de Panurge qu'on fait sauter en mesure, tout en les tondant et les écorchant à plaisir; enfin de ceux qui se sont confiés à ces loups déguisés en bergers, et criant à tue tête :

C'est moi qui suis Guillot,
Berger de ce troupeau.

Je ne demande aujourd'hui qu'à retourner à mes anciens pasteurs et à leurs chiens fidèles, jurant, mais un peu tard, qu'on ne m'y prendra plus, et de me laisser mordre au besoin pour être ramené au bercail, si je m'égare encore. J'invite les *brebis* de mon espèce à en faire autant.

Monseigneur,

Il y a plusieurs mois que j'ai eu l'honneur de vous faire parvenir la dédicace d'un travail que j'ai eu l'occasion de faire sur l'organisation militaire du royaume de France, depuis sa fondation jusqu'à l'époque de la Révolution française. J'y avais joint une note sur le ou les drapeaux français; note qui relevait plusieurs erreurs historiques et chronologiques à cet égard, et dont une a sans doute influé sur la teneur de vos manifestes, à propos de la couleur du drapeau français, si vous étiez appelé à être roi de France.

J'ai lieu de supposer, Monseigneur, que cette petite leçon d'archéologie vous aura, à mon grand regret, déplu, et que vous n'aurez pas approuvé ma démarche. J'ai toutefois suspendu mon travail, attendant toujours le renvoi de votre part de ma copie, qui peut-être aurait pu ne pas vous être parvenue.

Mais aujourd'hui la question du drapeau ayant pris de l'importance, au point d'être devenue une question de principe, et l'objet de démarches faites tous les jours auprès de vous, Monseigneur, afin de modifier vos idées à son égard, je me suis décidé, avant de donner suite à mon travail, de le faire précéder de cette lettre d'explications, résumant à peu près ce qui y est dit sur le drapeau français, dont l'usage uniforme, pour tous les régiments, est fort peu ancien dans les armées françaises ; explications qui attenueront considérablement la gravité de la question tendant à s'envenimer, au grand détriment de l'intérêt politique bien entendu de la France.

Avant tout, Monseigneur, permettez-moi de vous rappeler une circonstance qui aura échappé sans doute à votre souvenir, mais qui est restée profondément dans le mien, et dans mon cœur. Oui, Monseigneur, j'ai tenu un instant votre main dans la mienne, et cela à la suite d'une conversation précisément sur l'éventualité qui se présente aujourd'hui, d'une restauration bourbonienne, en cas de mort ou de déchéance de l'empereur ; prévision que les événements n'ont que trop justifiée. La fusion fut posée sur le tapis, et vous me dîtes à cet égard que, le cas se présentant, vous seriez à la disposition du parti monarchique ; que ce n'était pas à vous à aller aux d'Orléans, mais à eux à venir à vous ; vous ajoutâtes : « Je n'ai pas d'héritier direct, je n'en aurai probablement pas, ainsi le comte de Paris me succédera tout naturellement. »

En rentrant à mon auberge, j'ai pris bonne note de ces déclarations de votre part, du reste parfaitement conformes à la loyauté bien connue de votre caractère, dont personne ne doute. Voici maintenant quelques-unes de mes paroles : « Si vous remontez jamais, Monseigneur, sur le trône de vos ancêtres, ce sera par les fils de la bourgeoisie, ou du tiers état qui l'a renversé ; car le parti légitimiste, ou du moins celui qui a la prétention de l'être exclusivement, ne fera jamais que se draper immobile dans ce qu'il appelle son principe, et attendra les événements, contrairement à cet aphorisme : *aide-toi, le ciel t'aidera.* » En effet, ceux de vos partisans auxquels je fais allusion, se sont bornés dans les visites qu'ils vous ont faites, soit à Venise, soit dans quelque autre de vos résidences, à de vaines protestations de fidélité, se contentant, rentrés dans leurs provinces, ou dans leurs terres, de bouder contre *l'ordre de choses établi*, et je ne crains pas de me tromper, en ajoutant que peu d'entre eux fussent montés à cheval avec vous, si vous eussiez eu, comme votre aïeul *au panache blanc*, l'idée aventureuse de le faire. Enfin, ils auraient, Monseigneur, enseveli leur fidélité dans un tombeau avec leur principe et le vôtre ; car, selon eux, ce principe ne saurait passer à la deuxième branche des Bourbons (1). Eh bien ! Monseigneur, voulez-vous que je vous le dise ! c'est cette fâcheuse influence que vous subissez aujourd'hui, en repoussant les avances de fusion qui

---

(1) On trouvera sans doute trop sévère ce jugement à l'égard de la noblesse de province, mais nous faisons bien volontiers de nombreuses exceptions : ainsi un grand nombre de gentilshommes du Centre et de l'Ouest ont défendu, comme simples soldats, pied à pied le territoire français envahi, et sans se préoccuper de la couleur du drapeau.

vous sont faites. Je ne saurais dire si l'union entre tous les membres de la famille d'Orléans est complète, mais, dans tous les cas, il en est un qui s'en sépare tout naturellement, et dont les intérêts sont intimement liés aux vôtres, puisqu'il est votre successeur, non-seulement naturel, mais encore politique ; il ne peut être Roi que par vous, car la hiérarchie bourbonienne rompue en votre personne, la légitimité du fils du duc d'Orléans ne saurait avoir de valeur, et dans ce cas les princes d'Orléans ne comptent pas plus que les membres de la famille Bonaparte. Monseigneur le Comte de Paris a donc sa véritable place à côté de vous, mais il faut qu'il y attende un bon accueil, qu'une main amie lui soit tendue comme à un fils ; il ne saurait en effet se séparer de ses oncles sans retrouver en vous un père.

Oui, Monseigneur, vous représentez un principe, mais que vous subordonnez vous-même à un plus grand encore qui s'appelle *volonté nationale*, c'est-à-dire ce grand mouvement de l'opinion publique, malheureusement trop souvent égarée. C'est celui qui a posé la couronne sur la tête du premier carlovingien ; plus tard, sur celle du premier capétien ; c'est celui qui repoussait votre aïeul Henri le Grand combattant au milieu des huguenots, et qui l'acclamait après qu'il se fût fait roi très-chrétien. Eh ! Monseigneur, ne donnait-il pas alors un grand exemple de concession et de conciliation à la fois, en disant que *Paris valait bien une messe!* Quant à vous, Monseigneur, ce n'est pas l'abandon de votre foi qu'on vous demande, car votre foi ne saurait être liée à la couleur d'un drapeau,

qui, ainsi que je vais le démontrer, n'a pas été toujours celui de la France, mais seulement de la branche
aînée des Bourbons, et encore ne commence-t-il à
dater dans nos armées qu'à partir de l'ordonnance
de 1662. Certes, à compter de cette époque, il a glo-
rieusement flotté au milieu des armées françaises, et
vous avez raison d'en être fier. Mais, Monseigneur,
si nous remontons dans nos fastes militaires, nous y
voyons nos gens de guerre marcher sous toutes es-
pèces de *bannières*. La maison du roi arborait celle
des Valois encore au XVIᵉ siècle; elle était bleue
fleurdelisée d'or. Antérieurement « chaque seigneur
« ou *chevalier banneret* avait la sienne. Il se présen-
« tait avec ses hommes au roi, sa bannière pliée dans
« un étui; celle-ci était pointue, et dans cette forme
« elle s'appelait *pennon*. Le roi en coupait la pointe,
« la rendait ainsi carrée, et elle prenait alors le nom
« de *bannière*; ce qui donnait au seigneur *banneret*
« autorité et commandement sur les troupes qu'il
« avait amenées. » Il y avait bien eu une bannière gé-
nérale, l'*oriflamme*, qui avait un prestige de victoire,
mais on ne la voit plus reparaître dans nos armées
après la défaite d'Azincourt; c'était la bannière de
Saint-Denis, que les abbés, comtes du Vexin, portaient
en guerre; de seigneuriale qu'elle était, elle était devenue royale par l'annexion du comté à la maison de
France. Cette bannière n'était pas blanche, mais
rouge flammée d'or, *aureaflamma*. Ainsi Jeanne d'Arc
ne l'a jamais portée, puisqu'elle n'existait déjà plus
de son temps; notre héroïne ne dut arborer alors que
la couleur du roi Charles VII, c'est-à-dire le bleu; et

remarquons qu'à la bataille de Pavie, la bannière blanche de Charles de Bourbon flottait à côté de celle de l'empire.

Maintenant, si après tout ce qui précède nous arrivons au drapeau tricolore, nous ne saurions admettre ses couleurs séditieuses. Jugez-en vous-même, Monseigneur ; voici sa véritable origine. Le roi Louis XVI, à tort ou à raison, mais cédant à l'impérieux mouvement, ce principe si dangereux du reste de l'opinion ou volonté nationale d'alors, avait retiré les troupes qu'il avait massées aux abords de Paris et de Versailles ; la capitale livrée à elle-même, c'est-à-dire au danger d'être la proie de la populace ameutée, songea à sa conservation ; les *districts* se formèrent en garde nationale, qui tout d'abord prit les couleurs de la ville de Paris ; celles-ci étaient le *bleu* et le *rose* (et non le *rouge*) (1) ; toute la population, en signe de joie d'échapper ainsi à un danger imminent, prit la cocarde aux deux couleurs. Il en fut de même à Versailles, et le Roi, ainsi que toute la famille royale, se montrèrent au public avec les nouvelles couleurs nationales, mais en y *ayant ajouté le blanc*. Le lendemain la cocarde tricolore remplaça celle aux deux couleurs.

Dans son principe les trois couleurs furent donc un gage de fusion essayée alors entre les partisans modérés de la révolution et la cour, et non de révolte, comme vos manifestes, Monseigneur, donnent à l'entendre. Selon d'autres auteurs, le Roi lors de son

(1) Il est facile à cet égard de consulter les images coloriées du temps. Ainsi confusion dans le drapeau tricolore lui-même.

voyage de Versailles à Paris, reçut la cocarde nationale des mains de Bailli sur les marches de l'hôtel de
ville. Sire, lui aurait dit celui-ci, « votre aïeul Henri
le Grand rentrant comme vous à Paris avait reconquis
son peuple, aujourd'hui c'est votre peuple qui a reconquis son roi; » antithèse, dit de Rivarol, plus préten-
tieuse que juste. Les malheurs du temps en sont il
est vrai l'origine; mais ces malheurs, Monseigneur,
qui a le droit d'en renier sa part de responsabilité?
n'a-t-on pas vu la plus grande partie de la noblesse
se mettre à la tête de la nouvelle révolution, dans
l'espoir que la convocation des états généraux leur
rendrait ce que la monarchie leur avait successive-
ment enlevé de leurs anciens priviléges seigneuriaux;
réduits à quelques droits utiles, les autres étaient
presque tous passés de leurs mains dans celles de
la monarchie (1); celle-ci, dont les finances étaient
aux abois, espérait obtenir des Etats les subsides né-
cessaires pour parer à son déficit, qui par parenthèse
ferait rire les financiers d'aujourd'hui, puisque le
ministre Necker se faisait fort de le combler avec un
emprunt de cent vingt à cent cinquante millions. La
divulgation de ce déficit, résultat des dilapidations

(1) Le droit de rendre la justice, de battre monnaie, de lever
des troupes, etc., etc. Quant à ce prétendu droit du seigneur,
qui n'a existé que dans l'imagination des *libres conteurs* d'autrefois, c'est la rougeur au front qu'on le voit de nos jours prendre
au sérieux : car si l'ancienne société française n'a pas été toujours
une école de bonnes mœurs, elle n'a jamais atteint la démoralisa-
tion romaine au temps d'Auguste. Au XIVe siècle, un seigneur de
Laval, dit *Barbe Bleue*, fut jugé par ses pairs, dégradé et pendu
pour avoir renouvelé les amours illicites des héros de la satire
trop célèbre de Pétrone.

de trois règnes (style du temps), tomba comme une bombe au milieu des esprits déjà enflammés... Quant au tiers état, il arrivait, il faut bien en convenir, avec la volonté arrêtée de tuer la noblesse aux dépens même de la royauté ; et il a fallu tout l'aveuglement des hommes politiques et d'Etat d'alors pour ne pas avoir prévu ce qui est arrivé. On peut affirmer aujourd'hui que la séance du jeu de paume a été la révolution tout entière sortie des fameuses paroles de Mirabeau, tout armée comme Minerve du cerveau de Jupiter : car, à partir de ce moment, elle marcha à pas de géant, et en vain ceux qui l'avaient commencée voulurent-ils en arrêter le cours. Enfin le malheureux Louis XVI, abandonné de tous, resté seul sur la brèche jusqu'au dernier moment, essayant encore de tenir le gouvernail, ne descendit les marches du trône que pour monter celles de l'échafaud !

Dans ce grand cataclysme de la France, que devinrent les deux drapeaux ? Quelques hommes héroïques, au lieu d'émigrer, essayèrent de relever le *drapeau blanc*, tandis que le *drapeau tricolore* s'était réfugié dans les camps avec l'honneur militaire ; mais bientôt ils furent en présence, et l'on vit se renouveler dans une lutte fratricide, entre les *blancs* et les *bleus*, des prouesses chevaleresques dignes de meilleures causes. Enfin la nation, épuisée, lasse de tant d'anarchie, mais ne voulant, ni marcher plus en avant, ni revenir en arrière, confia ses destinées à un soldat de fortune..... Je passe outre, et j'arrive, Monseigneur, à la première restauration, celle en effet qui vous donna un *berceau royal !* Oh ! je le conçois, la blancheur du *drapeau sans*

tache a dû flatter vos yeux s'ouvrant à la lumière ;
mais les pieds du berceau baignaient dans le sang
de votre père ! Le vieux jacobinisme vivait encore,
et le chauvinisme bonapartiste ourdissait chaque jour
une conspiration nouvelle ; bien mieux, après être
revenue de la réaction blanche de 1814, on peut
dire que la nation presque tout entière tourna ses
regards vers le rocher de Sainte-Hélène, et plaignit
l'homme qui, lui, n'avait eu de pitié pour personne ! Sa
mort effaça un peu son souvenir, et il serait probablement passé, comme toutes choses de ce monde, dans
l'oubli, si le tiers état, ou plutôt la bourgeoisie, ne
craignant plus le jacobinisme, qui faisait le mort
depuis l'assassinat de votre père, ne s'était mis à ré-
clamer à tue tête l'application pure et simple des *im-
mortels principes de* 89. Tant que l'auteur de la charte
vécut, il sut contenir ces impatiences, mais son
char funèbre fut suivi par une foule silencieuse qui,
le lendemain, acclamait dans votre grand-père *le res-
taurateur des libertés publiques.* Charles X dès lors
ne put ni arrêter le mouvement libéral, ni ne voulut le
suivre, et la révolution de juillet vint rétablir les
trois couleurs. Cette fois en effet elles furent séditieuses ; aussi l'on peut affirmer que c'est de ce moment que date la grande inimitié entre les deux bran-
ches des Bourbons, qui étaient rentrées ensemble à la
Restauration. Tant que les grands parents vécurent,
elle se comprend parfaitement, mais ce qui peut désunir
une famille vulgaire, doit-il séparer à jamais les membres d'une famille princière, qui, elle, ne s'appartient
pas, et dont surtout chacun des membres est solidaire

de ses intérêts réunis; c'est-à-dire que chacun doit se substituer aux autres jusqu'au dernier; en cas d'événement indépendant de la volonté de tous, venant retrancher violemment un de ses membres? Louis-Philippe crut sans doute devoir en agir ainsi, et, en père de famille prudent, il prit les rênes de la monarchie, échappant des mains de la branche aînée, alors représentée par *une régente et un enfant en bas âge*. Il arrêta, ou crut arrêter le cours de la révolution de juillet 1830; mais le radicalisme d'une part, et le bonapartisme de l'autre, sapèrent à l'envi la nouvelle monarchie citoyenne. Cependant on peut croire, et même admettre, qu'elle se serait maintenue sans l'incident du retour des cendres de Napoléon 1er, et la mort inattendue du duc d'Orléans, qui frappa la branche cadette de même que celle de votre père avait frappé la branche aînée, comme si la Providence eût retiré sa main protectrice de la maison de Bourbon, pour réserver la France à de nouvelles épreuves. Alors ce double vertige, bonapartiste et radical, saisit la nation tout entière, et la monarchie de juillet tomba sous les coups redoublés, précisément de ceux qui l'avaient faite. La lutte après, entre ces deux partis, ne fut pas longue.

Monseigneur, vous protestâtes contre le coup d'état, dans une mesure qui vous fit connaître déjà, malgré votre extrême jeunesse, comme un esprit juste et éclairé; c'était en effet tout ce que vous pouviez faire contre ce grand entraînement de la nation, qui considéra alors l'empire comme le seul salut contre la *république, précurseur toujours chez nous de l'anarchie.*

On a défini assez ingénieusement le gouvernement impérial : *l'empire c'est la peur*; aussi, dès qu'il ne rassura plus personne, il fut attaqué par tous et tomba. On a lieu de penser que les jeunes princes d'Orléans auraient pu faire davantage; ils avaient pour eux la majorité des honnêtes gens de l'assemblée, un général d'Afrique dévoué. La loi des questeurs fut proposée à cet effet lorsqu'on vit les menées bonapartistes pour placer la couronne impériale sur la tête du président de la république. Ces menées consistèrent principalement, surtout dans les provinces du Centre et du Midi (1), à promettre aux gens de campagne essentiellement conservateurs le partage au-dessus d'un *minimum*. En sorte que, par la frayeur d'un côté, et un tel appât de l'autre, la propagande impérialiste chemina, et à la chambre le parti impérialiste, ainsi que le parti radical, espérant se jouer l'un l'autre, firent cause commune. Le 2 *décembre* fit le reste, et Napoléon III put gouverner pendant environ quinze ans la France assez tranquillement, rassurant les intérêts matériels du pays, et reservant les espérances de tous les partis. C'est ici le cas, Monseigneur, de rappeler la conduite de certains légitimistes, dont la France a droit aujourd'hui de se plaindre. Ils donnèrent en effet un appui constant à l'empire, et je ne crains pas de le dire bien haut, ils vous eussent, Monseigneur, oublié dans l'exil, et fussent passés à la succession impériale, servant le fils comme beaucoup d'entre eux avaient servi le père. Éloigner la branche cadette était tout pour eux, faisant bon

______

(1) C'est ce qui fut nommé un peu plus tard *spectre rouge*.

marché du *principe* lui-même dont ils font aujourd'hui tant de bruit! Enfin leur ressentiment est tel contre les princes d'Orléans, qu'ils deviendraient volontiers *rebelles* en cas de fusion. Mais les événements en ordonneront autrement!..

C'est donc à vous, Monseigneur, à faire la fusion, à l'ordonner même, faisant acte ainsi de souveraineté; commandant aux princes de venir à vous, *comme principe;* mais il ne faut pas le rattacher à une idée puérile (excusez ma franchise), celle de la couleur du drapeau, qui peut d'ailleurs *se réserver.* Enfin la réunion des deux fractions monarchiques de la maison de Bourbon est indispensable, soit contre une restauration napoléonienne, soit contre les conséquences inévitables d'une plus longue tentative de république en France, conduisant directement et fatalement à l'abîme : car des *modérés,* elle passera aux *démocrates* et de ceux-ci aux *démagogues.* Certes il n'y a pas de doute qu'en recourant au plébiscite, la monarchie en ressortirait : car, toutes les fois que la France a été librement consultée, elle a renié la république, au risque de prendre la pire monarchie (1) : mais dans ce cas, il ne peut être qu'un expédient, et non un principe, puisque ce qu'un plébiscite fait, un autre peut le défaire, étant une porte ouverte à tous ceux qui prétendent l'invoquer... Enfin, ce n'est pas ici le moment de récriminer. Je crois, du reste,

______

(1) Ce qui pourrait bien arriver encore si la fusion ne se fait pas à temps, car les peureux qui ont voté *constamment* pour l'empire, *impuissant aujourd'hui à les protéger,* tremblent plus que jamais.

avoir suffisamment démontré, qu'excepté vous, Monseigneur, jusqu'à présent, tous les hommes politiques ont failli, les uns par méchanceté, beaucoup par faiblesse, ou par présomption, enfin le plus grand nombre par ineptie. En effet, Monseigneur, le *drapeau blanc* pour ces derniers, c'est encore aujourd'hui, *la dîme, le droit d'aînesse, les lettres de cachet;* en un mot, *la féodalité,* ou *le règne du bon plaisir.* Le *drapeau tricolore,* au contraire, leur représente *les droits de l'homme, l'abolition des priviléges, l'égalité des conditions, et toutes les belles conquêtes de la révolution sur le despotisme de vos pères,* — niaiseries tant qu'on voudra, mais entretenues malheureusement par une foule de publicistes qui ont consacré ces choses dans leurs livres, qui ont vécu de ces mensonges, qui s'en sont fait, ou qui veulent s'en faire un marchepied pour arriver eux-mêmes au pouvoir, et y rester, ne fût-ce qu'une heure de plus, afin d'y exercer la pire des tyrannies, celle *du plus grand nombre !*

Ce sont les malheurs, les désastres *de ces heures d'orgie révolutionnaire,* dont en vain on voudrait laver *les principes de* 89, qu'il faut réparer, et pour cela il n'est pas de trop de tous les bons Français, oubliant leurs discordes, confondant leurs théories, en venant en faire amende honorable sur l'autel de la patrie, souillée trop longtemps par cette l'idole du peuple, la déesse au *bonnet rouge,* cette fille *prostituée de la liberté.*

Si la France, Monseigneur, entraînée par l'esprit étroit du tiers état, qui malheureusement la domine toujours, a été coupable envers vos aïeux, c'est par l'oubli de sa conduite d' lors que vous la ramènerez à vous; elle se reconnaîtra d'autant plus coupable, que vous lui aurez manifesté moins de ressentiment; faites un pas, et elle reviendra à vous, une fausse honte l'arrête encore.

Un manifeste de votre part rassurerait au contraire les esprits inquiets mais honnêtes, dans lequel, au lieu de traiter encore une question oiseuse, excusez toujours ma franchise, vous développeriez vos idées gouvernementales; y rappelant que l'œuvre constante de la monarchie de vos ancêtres a été l'abaissement de la noblesse trop souvent turbulente et factieuse jusqu'à l'entière destruction de la féodalité, et l'élévation enfin du tiers état au rang politique de citoyens libres, d'abord par l'affranchissement des communes, ensuite par celui des serfs. — Que si Louis XVI, l'homme le plus juste de son temps, avait convoqué les états généraux, c'était en effet pour retremper ses pouvoirs dans la nation tout entière, que malheureusement un demi-siècle de théories insensées, sapant continuellement la société dans ses institutions politiques et religieuses, avait affolée de toutes ces idées qui accouchèrent enfin dès fameux *principes de* 89, regardés encore aujourd'hui, par tant de gens, comme une *manne*, descendue de la philosophie du xviiie siècle, pour guérir les plaies de l'humanité; — dans lequel vous proclameriez nettement que votre intention est de reprendre l'œuvre interrompue de vos aïeux, réclamant pour cela le concours de tous les hommes de bien, de toutes les capacités du pays éclairé cette fois par le malheur; répudiant cependant celui de la masse *indigeste* de suffrages émanant du vote universel, que 93 n'avait même pas inventé ; aucun publiciste d'alors, quelque arouche qu'il fût d'ailleurs, n'ayant pu s'imaginer, tout utile qu'il soit, que *le plomb pût être l'égal de l'or*, mais qu'il était reservé au machiavélisme moderne du gouvernement impérial d'ériger en principe, et d'ameuter contre le bon sens ou la raison qui, elle, se refuse à admettre l'égalité dans l'intelligence humaine, lors même qu'elle pourrait exister dans les conditions, et surtout le même droit de concourir à la chose publique. Le *plébiscite* ne fut en effet pratiqué à Rome qu'aux mauvais jours de la république, et plus tard les tyrans l'invoquèrent presque toujours avec succès en leur faveur. — Manifeste dans lequel enfin vous rompriez avec cette minime fraction de légitimistes qui font de votre cause la leur, et vous y sacrifieraient encore au besoin, dans leur haine insensée contre les membres de votre famille, qui, s'ils ont eu des torts, ne demandent qu'à les réparer en s'unissant à vous pour guérir les plaies de la patrie : comme si les descendants de tant de seigneurs, autrefois rebelles à la monarchie, avaient seuls le droit de protester contre une révolution dont les auteurs ont, en définitive, le plus souffert : l'émigration de leurs pères les a sauvés pour la plupart, tandis que la révolution de 89 a fait périr presque tous ses enfants, comme Saturne dévorait les siens !

Votre aïeul le grand Henri, Monseigneur, lui aussi, combattit contre la monarchie légitime, entraîné dans nos guerres intestines, par la force des événements ; mais quand il put en devenir maître, il oublia et pardonna tout, parce qu'il avait lui-même à se faire pardonner et à faire oublier.

Vous, Monseigneur, qui n'avez aucune chose à vous reprocher, qui avez mené une vie exemplaire en dehors de tous les orages politiques, demeurant dépositaire des vrais principes de la vieille et bonne monarchie française, qui seul êtes à même de les faire prévaloir, évitez de vous mêler à de nouvelles dissensions, et surtout d'y donner prise par une interprétation erronée de ces principes dont il faudrait aujourd'hui bien s'instruire, ou qu'il serait utile de se remémorer, *indocti discant et ament meminisse periti;* car près d'un siècle déjà passé depuis leur destruction en a singulièrement fait perdre le souvenir, et l'on peut affirmer que bien peu de publicistes aujourd'hui sont en état de parler avec connaissance de cause des choses d'avant la révolution, qu'un grand nombre d'entre eux confondent déjà dans les obscurités du moyen âge : c'est ce qui fait que la monarchie est prise encore aujourd'hui par tant de gens pour la négation de la liberté, dont au contraire elle est et sera toujours le plus ferme appui, et surtout la meilleure garantie.

Il serait temps enfin de faire cesser ces dénominations de Chouans, de Jacobins, qui ne font qu'irriter les partis opposés, qui, selon l'ancien axiome, *les extrêmes se touchent,* peuvent au contraire se rapprocher.

Je me rappelle, Monseigneur, combien cette dénomination de *brigands de la Loire,* dans la bouche des émigrés qui n'étaient rentrés qu'avec la Restauration, lui ont fait de tort. Quant à celui qui a écrit ces lignes, arrivé à un âge où toutes les illusions de ce monde sont tombées, mais où il reste à l'honnête homme un désir d'y être encore utile avant de le quitter, il vous adjure de revenir d'une de ces décisions qu'on prend souvent dans un premier mouvement, et dans lequel on persiste pour ne pas manquer de caractère. D'ailleurs, Monseigneur, dans vos deux manifestes, et surtout le dernier, il y a assez d'autres aperçus justes et déclarations courageuses, qui rassurent sur vos intentions et la fermeté de votre caractère, si nécessaire pour mener à bonne fin les destinées de la France, si elles vous sont, comme je l'espère, confiées; ainsi, Monseigneur, persistez à regarder comme le premier devoir d'un *monarque très-chrétien*, de prendre à cœur la question italienne, dans laquelle l'honneur de la nation a été atteint, aussi bien que le principe de l'Église catholique, dont la France, même sous ses gouvernements irréguliers, s'est toujours fait le soutien le plus ferme. Peut-être vous aliénerez-vous les disciples de Voltaire, de Jean-Jacques, de Diderot; mais vous rassurerez ceux de Bossuet, de l'abbé Fleury, ces lumières de la vraie religion, qui, on a beau dire, sera toujours le meilleur guide pour conduire les hommes à travers les difficultés de l'existence, qu'aucune des théories de la philosophie moderne n'a jusqu'à présent donné les moyens d'aplanir. Mais où vous avez trouvé une sympathie, c'est dans votre déclaration formelle de ne vous considérer jamais réellement comme roi de France, tant que nos provinces seront entre les mains de l'ennemi, et qu'elles ne nous seront pas rendues (1). Vers un pareil but, Monseigneur, soyez

(1) Louis XVIII posa pour condition de monter sur le trône, que la France d'avant 89 ne serait pas démembrée.

certain que la France entière vous suivra sous le drapeau que vous arborerez ; et si un pareil résultat peut être obtenu sans recourir au moyen extrême des armes, vous seul, Monseigneur, êtes capable de rassurer les intérêts de l'Europe alarmée, et d'amener le pays aux plus grands sacrifices.

Enfin, Monseigneur, la fusion si désirée par le plus grand nombre, et si redoutée du plus petit, obtenue, sinon par l'abandon, du moins par l'ajournement du principe dans lequel vous vous renfermez, et des amis maladroits vous maintiennent ; le jour où vous ferez votre rentrée en France, même à Paris, bien des fenêtres seront pavoisées de vos couleurs, et plus d'un *drapeau blanc* flottera sur votre passage au-dessus de votre tête.

Agréez, Monseigneur, l'assurance du profond respect et de l'entier dévouement de

Votre très-humble et très-obéissant serviteur.

Henri BOUCHARLAT.

NOTA. — Cette lettre sera suivie de trois autres : la première adressée au prince Louis Napoléon, la deuxième au peuple souverain, enfin la troisième au tiers-état ou à la bourgeoisie, et plus particulièrement à celle de Paris. — Celle-ci sera signée *d'outre-tombe* par de Rivarol.

Quant au nom de Boucharlat, il n'est pas positivement un pseudonyme : c'est celui de ma mère, ou plutôt de mon grand'père qui m'a élevé. Ce nom, du reste, n'est pas étranger à la littérature. Il existe un recueil de poésies sur ou d'après les poëtes grecs, publié déjà depuis vingt-cinq ans au moins, par un nommé Boucharlat, membre de plusieurs académies de province. Ce n'est pas toutefois à lui qu'il faudrait attribuer cet opuscule.

PARIS. — IMPRIMERIE JULES LE CLÈRE, RUE CASSETTE, 29.